Ch. MALACHOWSKI

CRITIQUE DÉTAILLÉE

DES

ACTES DU CONSEIL GÉNÉRAL

EN MATIÈRE DE

RÉPARTITION DES FONDS DÉPARTEMENTAUX

(Budget 1893)

ARRONDISSEMENTS DU DÉPARTEMENT

ET EN PARTICULIER

ARRONDISSEMENT DE BATNA

Présentée le 3 juin 1894 au Conseil municipal et adoptée

BATNA

IMPRIMERIE TYPOGRAPHIQUE A. BEUN, RUE DE SÉTIF

1894

Ch. MALACHOWSKI

CRITIQUE DÉTAILLÉE

DES

ACTES DU CONSEIL GÉNÉRAL

EN MATIÈRE DE

RÉPARTITION DES FONDS DÉPARTEMENTAUX

(Budget 1898)

ARRONDISSEMENTS DU DÉPARTEMENT

ET EN PARTICULIER

ARRONDISSEMENT DE BATNA

Présentée le 3 juin 1894 au Conseil municipal et adoptée

BATNA

IMPRIMERIE TYPOGRAPHIQUE A. BEUN, RUE DE SÉTIF

1894

*Hommage de ma profonde et légitime sympathie
à tous les Habitants de Batna.*

Ch. Malachowski.

CRITIQUE DÉTAILLÉE

DES

ACTES DU CONSEIL GÉNÉRAL

EN MATIÈRE DE

RÉPARTITION DES FONDS DÉPARTEMENTAUX

(Budget 1893)

MESSIEURS,

Pour apporter plus de jour dans le présent rapport que j'ai l'honneur de vous soumettre, je suis obligé de retracer en deux mots la façon dont s'alimente annuellement la Caisse départementale.

Comment elle se vide, sera une autre affaire.

En exécution de l'article 57 du décret du 23 septembre 1875, par application de la loi du 19 juillet 1889 et en exécution de la circulaire de M. le Ministre de l'Intérieur du 26 du même mois, M. le Préfet du Département présente chaque année pour chacune des deux grandes divisions du budget : ordinaire et extraordinaire, les dépenses à fixer par le Conseil général.

Avant de faire ses propositions, M. le Préfet résume la situation financière du Département, fait ressortir la moins-value sur certaines rentrées, la plus-value sur d'autres et essaye chaque année de parer au déficit qui pourrait se produire si les présomptions de recette étaient par trop grandes.

Je prends pour le présent rapport le budget de 1893.

M. le Préfet comparant ses propositions aux recettes de 1892, estime qu'il est prudent, pour éviter les mécomptes, de diminuer les recettes du budget de 1893 de 354.000 fr. en chiffres ronds.

Cette diminution porte pour 394.000 fr. sur la part du produit de l'impôt arabe revenant au Département, ramené alors à 3.000.000 ; fixation qui répond à la moyenne des recouvrements des dernières années et pour 14.500 fr. sur le produit des centimes additionnels.

Mais les contingents communaux, destinés aux travaux neufs et d'entretien des chemins de grande communication et d'intérêt commun font ressortir pour 1893 une augmentation (moi j'appelle ça un *boni*) d'environ 55.000 fr. sur 1892, donc au lieu de prévoir 5.368.797 fr., MM. les Conseillers généraux sont priés de ne prévoir que 5.014.079 fr. Les propositions présentées par M. le Préfet s'élèvent donc, tant en recettes qu'en dépenses pour le budget ordinaire, à 5.014.079 fr., et le budget extraordinaire, à 100 fr. Total : 5.014.179 fr.

La balance est parfaite.

MM. les Conseillers généraux, en vertu de lois spéciales, en vertu encore de la sagesse qui ne les abandonne jamais, et conformément à cette équité bien connue sur le point de devenir légendaire, tout au moins pour ceux du département de Constantine, sont libres d'affranchir M. le Préfet de ses constatations financières et par des votes successifs, de constituer à la suite de délibérations le budget du Département.

Le budget qui nous occupe, le budget de 1893, se monte à 5.359.179 fr.

D'où provient, Messieurs, cette forte somme ?...

1° De la part revenant au Département sur le produit de l'impôt arabe, ci.................... 3 millions ;

2° Des centimes additionnels départementaux sur le principal totalisé de l'impôt foncier et des patentes, ci. 95.500 fr.

3° De différents produits éventuels (revenus de propriétés départementales, ventes d'arbres abattus, produits d'expéditions d'anciennes pièces, droits de péage, subventions de l'Etat à divers titres, versements des communes pour les enfants assistés et les aliénés, etc., etc.), ci...... 71.480 fr.

4° Des ressources éventuelles du service vicinal, à savoir celles provenant des communes pour les chemins vicinaux de grandes communications, s'élevant à 1.501.379 fr. 74 et celles provenant encore des communes, affectées aux chemins vicinaux d'intérêt commun, s'élevant à 344.649 fr. 26 ;

5° De remboursements divers, soit pour prêts de semences, soit encore pour des avances, etc., s'élevant à 1.600 fr. Les recettes du budget ordinaire comportent donc bien 5.359.079 fr.

Je m'occuperai peu du budget extraordinaire, où les recettes et les dépenses se chiffrent par un billet de 100 fr. Mais il est bien établi que les deux budgets, soit en recettes, soit en dépenses, se balancent par un chiffre de 5.359.179 fr.

Ces 5 millions, pour parler en chiffres ronds, sont affectés :

1° A des dépenses obligatoires, en vertu du décret du 23 septembre 1875, articles 60 et 61, et constituant le chapitre premier ;

2° A des dépenses facultatives réparties en quinze autres chapitres.

Les dépenses facultatives concernent les réseaux des routes départementales, des chemins vicinaux et des chemins d'intérêt commun, tant pour les travaux neufs que pour ceux d'entretien, elles concernent encore les édifices départementaux, les subventions, etc. Il est à remarquer, Messieurs, que les recettes, soit qu'elles proviennent des européens, soit qu'elles proviennent des indigènes, sont perçues en raison directe de la propriété, en raison directe encore de la population du département.

La distinction si nette en France des arrondissements avec

leur Conseil, se divisant en cantons, se subdivisant en communes, n'existe que de nom en Algérie, et c'est ainsi que dans le département de Constantine, nous avons les arrondissements de Constantine, Philippeville, Bône, Guelma, Bougie, Batna et Sétif, englobant un territoire immense où deux administrations essentiellement différentes, les communes mixtes avec leurs administrateurs, et les communes de plein exercice avec leurs maires, essaient de simuler, mais en vain, l'organisation si simple cependant de la Métropole.

Les arrondissements algériens, trop vastes encore pour n'avoir qu'un seul Conseiller général, sont morcelés et le Collège départemental est, de ce fait, constitué par trente Conseillers généraux européens assistés, souvent pour la forme, de six Conseillers musulmans.

Il peut être nettement établi, si on considère la situation géographique des centres représentés au Conseil général, non pas comme sur le papier, trois circonscriptions distinctes, mais deux régions : le littoral et les Hauts Plateaux.

Le littoral compte 18 Conseillers généraux, les Hauts Plateaux 12 seulement.

Il suffira pour vous en convaincre de voir leurs noms et les localités où ils ont été, de la part des électeurs, les heureux du suffrage.

N'y a-t-il pas là, Messieurs, à votre avis comme au mien, une explication très claire de cette tendance à avantager singulièrement un côté plutôt qu'un autre ?

Nous commettrions, nous des Hauts Plateaux, une grosse erreur en faisant incomber à nos Conseillers généraux la parcimonie des dépenses qui sont faites dans nos régions de la part du Conseil général.

En vertu des principes de mathématiques élaborés par nos ancêtres, principes devant lesquels l'éloquence de Gambetta tomberait sûrement, vous ne pourriez jamais faire que 12 soit supérieur à 18.

Je n'insisterai pas sur l'influence particulière que peut exercer, par ses amitiés ou ses relations, tel ou tel Conseiller général sur ses collègues. Je n'insisterai pas davantage à faire ressortir auprès de vous que les Conseillers généraux, en tirant individuellement le plus qu'ils peuvent sur la Caisse départementale, songent encore à la réélection.

Ce n'est pas aux intérêts communs, se disent-ils, qu'il faut songer pour atteindre le but. Non, c'est à l'intérêt particulier des régions qui nous ont nommés : comme cela seulement nous nous assurerons de voir à nouveau notre ambition satisfaite. Si j'insistais sur tout cela, j'en arriverais trop doucement à ce que je vais maintenant vous prouver par chiffres.

Je vous ai montré, Messieurs, la formation du budget de 1893, à'élevant à 5.359.179 fr. Déduisons le chapitre Ier des dépenses obligatoires, soit 258.643 fr. 05, dépenses qui concernent la Préfecture, les Sous-Préfectures, les Tribunaux, etc., en un mot le gros service du Département.

J'estime même que quelques chapitres, bon nombre de sous-chapitres, devraient faire partie de ces dépenses obligatoires, tel que par exemple celui des Archives départementales.

Bref, il nous reste : 5.100.435 fr. 35.

Dès le chapitre II commence la série des dépenses facultatives du Département.

Ce chapitre comporte les propriétés immobilières, achats d'immeubles, grosses réparations, entretien des immeubles, etc., etc.

Je classerai même comme dépenses obligatoires celles qui concernent les polices d'assurances à diverses compagnies, l'abonnement au service des eaux, dans les immeubles assez favorisés pour en avoir, sauf à Batna, et pour ne pas me perdre sur une somme insignifiante de 30.080 fr. 80, voici les dépenses réparties par arrondissement :

Constantine............ ....   67.708^f »
Philippeville.....................   113.220 50
Bône.........................   51.875 »
Guelma......................   55.115 »
Bougie......................   118.519 04
Sétif........................   3.105 »
Batna..................... .   13.820 96

Il est utile de faire remarquer que la somme de l'arrondissement de Batna provient d'un solde de compte pour la gendarmerie de Biskra (11.581 fr. 16) s'élevant, avec les honoraires dûs aux ingénieurs sur les constructions à faire (5 % = 579 fr. 80), s'élevant, dis-je, à 12.170 fr., ce qui remettrait alors pour l'arrondissement de Batna la dépense au chapitre II à 1.650 fr.

Le chapitre II enlève au budget :

1° 423.453 fr. 50 pour les arrondissements ;

2° 30.086 fr. 80 de dépenses annuelles que je considère comme obligatoires, formant le joli total de 453.540 fr. 30.

Ce que j'appelle le littoral, c'est-à-dire Bône, Bougie, Philippeville, Constantine et Guelma, ont, comme part dans les dépenses, 406.527 fr. 54.

Tandis que ce que j'appelle les Hauts Plateaux, Sétif et Batna, touchent 16.925 fr. 96 avec Biskra, et ne fut-ce 12.170 fr., Sétif et Batna avaient 4.755 fr.

Puisque j'en suis, Messieurs, au chapitre des propriétés immobilières, je vous ferai remarquer que la situation actuelle durant depuis fort longtemps, les villes du littoral ont des édifices départementaux somptueux ; rappellerai-je ici la Préfecture de Constantine qui a coûté plus de deux millions, avec les lambris d'or, d'argent et de bronze de ses superbes salons, vous rappellerai-je la gendarmerie de Philippeville, qui, en chiffres ronds, coûte un million ? Je veux être exact, Messieurs ; le chiffre net est de 843.365 fr. 65, ce qui porte à 4.000 fr. le logement d'un gendarme et à 10.000 celui d'un officier de gendarmerie. Vous parlerai-je aussi des immeubles départementaux dans la région de Bône? Non, car je serais tenté de vous signaler encore une dépense de 930.000 fr. en 1894 sur la Caisse départementale pour une deuxième école normale, avec trois stations agronomiques désignées à l'avance sans qu'on ait même écouté les observations de notre Conseiller général. En cela comme en tout, 18 > 12. C'est fatal!

Non, Messieurs, vous dis-je, vous n'auriez peut-être plus alors la patience de m'écouter quelques minutes encore.

On ne manquera pas de me dire que nous avons à Batna une prison civile qui a coûté 340.000 fr. au Département.

C'est vrai, l'objection serait dure, car le plus bel immeuble de la localité est sans contredit la prison civile, où sont écroués généralement quelques indigènes, sous la surveillance de trois gardiens de prison.

Il a fallu, pour ce, indemniser le propriétaire de l'immeuble jadis en location, pour résilier un bail de 3.000 fr. par an, prenant fin au 31 mars 1895.

Puis je me permettrai de faire remarquer qu'au lieu de cette magnifique prison de 340.000 fr., le Conseil général eût mieux agi en faisant une construction plus en rapport avec la quantité et la qualité surtout des gens qu'elle abrite, sauf les gardiens toutefois, je me plais à le reconnaître; et au lieu de cela, sacrifier 300.000 fr., par exemple, à un chemin quelconque dans le pays.

L'honorable Conseiller général de la région, sentant que cette somme lui échapperait sans doute à la moindre remarque, a fort bien fait de baisser la tête et de remercier ses collègues.

Que fût-il arrivé devant une discussion?

Les heureux de la caisse sortaient alors de leur sommeil et la somme était pour leurs régions. En acceptant ces 340.000 fr., bien que l'adjudicataire soit un entrepreneur de

Constantine, le Conseiller général a procuré néanmoins un peu de travail aux ouvriers de Batna.

Ces quelques lignes, Messieurs, tendent à vous prouver que les dépenses du Conseil général sont quelquefois bien mal faites, quand il veut bien en faire.

CHAPITRES III ET IV

Nous abordons les plus jolis chapitres, ceux où la répartition va nous apparaître grandiose.

A ces chapitres sont affectés, comme je vous le disais tout à l'heure :

1° Les contingents des communes, suivant arrêté de M. le Préfet du département, arrêté généralement pris le 30 décembre de chaque année, ci .... 1.841.394 fr.

2° Les centimes additionnels provenant de la propriété bâtie ou mieux ceux provenant du principal de l'impôt foncier et des patentes, ci...................... 95.500 fr.

3° Des deux journées de prestations obligatoires, pour les chemins vicinaux, que les contribuables seraient libres de faire en nature, mais qu'ils préfèrent solder en espèces, ci............................ 599.813^f 02

Total des sommes allouées .... 3.852.640^f »

Il y a, au point de vue du réseau départemental tant promis, une classification bien nette :

1° Les routes départementales ; 2° Les chemins vicinaux ; 3° Les chemins d'intérêt commun, en attendant le 4° Les chemins de fer départementaux et les tramways à vapeur.

CHAPITRE III

1° ROUTES DÉPARTEMENTALES

Ces routes, au nombre de cinq, couvrent 387^k 800 dans la région de Bône, 03^k 363 dans la région de Philippeville, et 43ᵏ 800 dans celle de Constantine. En établissant le crédit d'entretien de ces routes, c'est-à-dire une somme qui, à peu de chose près, doit figurer tous les ans et à titre d'entretien au budget des dépenses, nous pouvons constater que, y compris les indemnités au service des ponts et chaussées, aux ingénieurs, etc.

Constantine a......................	33.650ᶠ »
Philippeville	179.380 08
Bône	420.771 27
TOTAL.................	634.801 35

Quant à Sétif et Batna, routes départementales... Néant.

CHAPITRE IV

CHEMINS VICINAUX

En 1875, Messieurs, le Département, plein de sollicitude à l'endroit des communes, leur tint à peu près ce langage :

« Versez à la Caisse départementale un apport au prorata « de vos recettes et nous vous ferons un réseau de chemins « irréprochable. »

De gré ou de force, les communes consentirent et on décida que pour commencer par un bout, on opérerait sur le littoral. « Votre tour viendra, patientez, mais versez toujours ! »

Certains arrondissements ont aujourd'hui un réseau de communications assez gentil. Mais dans d'autres, pour justifier toutefois de l'apport fait annuellement, on se contenta de faire, de ci de là, quelques petits tronçons et *inde* pas mal de kilomètres restés en lacune.

Je vous ai dit déjà qu'il appartenait à M. le Préfet de fixer tous les ans l'apport que doivent fournir les communes par arrêté pris généralement le 3o décembre.

Celui de 1893 impose les sommes suivantes :

Batna	Communes de plein exercice.......	13.627ᶠ	»
	Communes mixtes...............	183.051	»
	Total pour l'arrondissement...	196.678ᶠ	»
Bône	Communes de plein exercice.......	55.336	50
	Communes mixtes...............	64.708	50
	Total.....................	120.045ᶠ	»
	Différence entre Batna et Bône...	76.633ᶠ	»

Puisque j'en suis à ces arrêtés de M. le Préfet, j'ai celui de 1894, l'apport n'est plus le même :

Batna 202.940ᶠ

Bône................... 113.926

En 1894, Bône apportera 6.119 fr. 50 de moins qu'en 1893.

Et Batna 6.262 fr. de plus que l'année précédente.

La différence, qui était de 76.333 fr. en 1893, se trouve être, en 1894, de 89.014 fr.

N'est-il pas terrible, Messieurs, de constater une aussi grande différence dans l'apport ? Nous allons voir à la répartition.

Il y a deux catégories de chemins vicinaux : ceux de grande communication et ceux d'intérêt commun, pour l'entretien ou les travaux neufs desquels le Département accorde ou refuse une subvention dite départementale parfaisant la somme reconnue utile pour ces dépenses, au moyen des contingents apportés par les communes intéressées, soit à l'entretien, soit aux travaux neufs, et appelés contingents communaux.

M. le Préfet et MM. les Ingénieurs, chacun dans leur circonscription, proposent ; MM. les Conseillers généraux examinent, discutent et décident à ce sujet.

Dans la première catégorie, il est affecté 1.501.349 fr. 74 pour les communes et 365.863 fr. pour la Caisse départementale.

TOTAL.............. 1.867.213 fr. 74

En ce qui concerne l'arrondissement de Batna, nous avons :

N° 5. *De Djidjelli à Batna, par le col de Tamentout et Saint-Arnaud*

Ici, Messieurs, j'abuserai peut-être quelque peu de vos instants, mais je tiens à bien faire ressortir le moyen ingénieux mais peu équitable employé pour arriver au but.

Comme la région de Djidjelli avait fortement besoin d'une d'une route dans la direction du col de Tamentout et de Saint-Arnaud, on la prolongea sur le papier ; bon nombre de communes intéressées aux yeux desquelles miroitèrent pendant quelque temps les largesses du Conseil général, durent apporter un contingent et comme toute chose a un commencement, on opéra dans la première partie, les crédits s'épuisèrent et vous savez ce qui arrive lorsqu'une caisse est vide : plus d'argent, plus de travaux.

Ce chemin a 59^k 384 à l'entretien.

—   00^k 000 en construction.

—   106^k 525 en lacune.

Inutile, Messieurs, d'ajouter de quel côté est la lacune. Cependant, ne vous y trompez pas, un petit bout de chemin est à l'entretien entre Zana et le point de jonction avec la route nationale n° 3, nécessitant l'emploi de 6.000 fr. provenant du contingent d'Aïn el Ksar et répartis de la façon suivante :

1° Entreprise Cassada, travaux en dehors des adjudications spéciales pendant 1891, 1892 et 1893.......... 2.250^f

2° Dépenses en régie..................... 3.500

3° Frais généraux et frais de déplacement..... 250

TOTAL.................. 6.000^f

Du côté de Djidjelli, les travaux sont arrêtés aussi par suite de dépenses entre Périgotville et Faidherbe, et comme M. le Gouverneur général a promis une subvention pour relier Chevreul à Faidherbe, le Conseil général, dans la session de mai, a voté sur les fonds de l'emprunt une somme de 105.000 fr. pour continuer le chemin n° 5, entre la rive droite de l'Oued-Bou-R'dim et le futur centre de Chevreul.

Les mânes de ce bon chimiste doivent tressaillir d'aise, et vous, Batnéens, de bonheur. Oui, sur votre chemin n° 5, de Djidjelli à Batna, il y aura un apport colossal où il vous sera dit ce qui l'est souvent : *Mirar, macach toukar !*

A l'époque où ce chemin fut commencé vers Zana, voici ce qui s'est passé :

L'adjudication du travail se fit en faveur de M. Simon Joseph, entrepreneur, et, un beau matin, sur l'ordre formel de M. le Préfet, tout s'arrêta subitement.

Survint naturellement un procès à la suite duquel l'entreneur reçut une indemnité assez rondelette (20.000 fr., m'at-on dit. Ce fut, Messieurs, comme travaux neufs, le dernier coup de pioche sur le n° 5.

Le crédit de 6.000 fr. d'entretien par la subvention départementale concerne Tababort (circonscription de Philippeville). Les contingents communaux la région des Eulmas, Saint-Arnaud et Takitount, 24.000 fr. Les travaux neufs, subvention départementale... Néant. Travaux neufs, 1.144 fr. 24, concernant la région des Eulmas.

Chemin n° 11. *De Sétif à Aïn-Touta*

157ᵏ 864, dont 69ᵏ 030 à l'entretien ;

—   0ᵏ 901 en construction ;

—   87ᵏ 933 en lacune.

A l'entretien : subvention départementale.....   00.000ᶠ

—   Contingents communaux......   43.000

dont 5.000 fr. pour Aïn-Touta, ainsi répartis :

Entreprise Cassada :

1° Travaux en dehors des abjudications spéciales pendant les années 1891, 1892, 1893 ....   1.500ᶠ

2° Dépenses en régie.....................   2.000

3º Salaires des cantonniers. . . . . :   **1.200**
4º Frais généraux et de déplacement. **300**

TOTAL. . . . .   <u>**5.000ᶠ**</u>

Restent les **38.000** fr. fournis par les Rhiras et Sétif et servant pour l'entretien à ces communes :

Travaux neufs : Subvention départementale. . .   **00.000ᶠ**
—   Contingents **28.921**

dont **21.061** fr. fournis par Aïn-Touta suivant le détail ci-joint.

Les dépenses autorisées à cet effet s'élèvent à **31.836** fr. **17**, à savoir :

Entreprise Meyère (rabais déduit). **25.848ᶠ 14**
Plus : somme à valoir **5.988 03**

TOTAL . . . .   <u>**31.836ᶠ 17**</u>

Comme il n'y a, en **1893**, que **21.061** fr. de disponibles, cette dépense est ainsi répartie :

Exercice 1892 . . . .   **7.951ᶠ 08**
—   1893, budget primitif. **20.654 89**
—   1893, budget report **1.937 79**
—   1894, retenue de garantie . . . . , .   **1.292 41**

TOTAL. . . . .   <u>**31.836ᶠ 17**</u>

Les **20.654** fr. **89** ont servi à la construction de la partie comprise entre le chemin de Ced-el-Goug et la section neuve sur une longueur de **2.135** mètres à savoir :

1º Entreprise Meyère **16.744ᶠ 65**

2º Entreprise Cassada
$\left\{\begin{array}{l} 2.000ᶠ \;\; » \\ 1.710\;\; 24 \\ 200 \;\; » \end{array}\right\}$ **3.910 24**

TOTAL. . . . .   <u>**20.654ᶠ 89**</u>

Et enfin, **406** fr. **11** pour construction entre le profil 0 et le profil 9 du projet de construction entre un point situé à

2.890 mètres au-delà du chemin de Ced-el-Goug et la traversée de l'Oued-Djerd.

Entreprise Cassada 496ᶠ 11

TOTAL . . . . 21.061 »

Nº 20. *Batna à l'Oued-Mellègue*

134ᵏ 600 (Constantine 119ᵏ Bône 75ᵏ 600) ;

Dont 87ᵏ 209 (Constantine 75ᵏ Bône 16ᵏ 200) à l'entretien ;
    33ᵏ 218 (Constantine 0ᵏ 218 Bône 33ᵏ 400) construction ;
    72ᵏ 971 (Constantine 42ᵏ 971 Bône 30ᵏ) lacune.

La partie d'entretien a son origine à Batna ; au-delà est un point carossable, aucun crédit n'a été alloué pour les travaux du pont de l'Oued-Soutelz et de la section du chemin comprise entre ce point et le chemin de Thimgad, dont les projets ont été approuvés le 8 octobre 1891.

Subvention départementale 00.000ᶠ

Contingents : 41.500 fr. dont 40.000 fr. par les communes de l'arrondissement de Batna (Aïn-el-Ksar, 18.000 fr., Aïn-Touta, 3.500 fr., Batna, 6.179 fr., Khenchela, 10,332 fr., Lambèse, 1.389 fr.

Les 40.000ᶠ à l'entretien provenant de Batna sont employés :
1° Arrondissement de Batna 29.600ᶠ
2° Arrondissement sud Constantine 10.400

Et en effet, Messieurs, voici le détail de ces 29.600 fr. concernant le nº 20 :

1° Entreprise Meyère (fourniture de matériaux d'empierrement entre la route nationale nº 3 à Batna et la traversée de l'Oued-bou-el-Freiss 8.000ᶠ

2° Entreprise Cassada :
Travaux en dehors des adjudications spéciales . 6.000
3° Dépenses en régie 5.000
4° Salaires des cantonniers 9.500
5° Frais généraux et de déplacement 1.100

TOTAL 20.600ᶠ

Travaux neufs. Subvention départementale : 25.200 fr.
affectés à Bône. Contingents communaux : 26.546 fr. dont
14.740 fr. provenant de Khenchela, mais Khenchela fait aujourd'hui partie non plus de Batna, mais de l'arrondissement
sud de Constantine.

En fait de travaux neufs dans l'arrondissement de Batna,
un projet à présenter pour le pont de l'oued Foum-el-Gueiss
me permettant si on considère le vote du 8 octobre 1891 dont
je vous parlais tout à l'heure, de dire très aisément : « Pau-
vre oued, que d'eau passera encore non pas sous le pont,
mais à sa place ! »

N° 26. Batna à Aïn-Beïda

Les documents officiels que je consulte ne sont pas d'accord.

(Page 101) Dans la circonscription de Constantine, ce
chemin a une longueur de 60^k dont 16^k 434 à l'entretien et
43^k 566 en lacune ; le crédit d'entretien demandé pour la première fois s'élève à . . . . 6 000^r
provenant exclusivement de la commune mixte d'Aïn-el-
Ksar. Dans la circonscription de Bône, ce chemin est en lacune sur tout son parcours qui est de 46^k.

Tandis que, page 257, il y a :

Chemin n° 26 De Batna à Aïn-Beïda

Longueur à l'entretien . . . . »
—   en construction . . . . »
—   en lacune . . . . 96^k

Total . . . . 96^k

Le chemin est en lacune sur tout son parcours. Est-ce
106 kilom. ou 96 ?

Oh ! pour une bagatelle de 10 kilom. je n'insiste pas et
de ce fait, je porte 6.000 fr. employés sous le décompte
suivant :

Entreprise Cassada.

1° Travaux en dehors des adjudications spéciales.   2.000ᶠ
2° Dépenses en régie.....................   3.500
3° Frais généraux et de déplacements........   500
                                   Total.........   6.000ᶠ
Quant aux travaux neufs ....   Néant.

N° 31. *Biskra à El Amri*

Longueur : 46 kilom. (2ᵏ. 900 à l'entretien, 43ᵏ. 100 en lacune).

Subvention départementale.................   00.000ᶠ
Entretien contingent Biskra...............   5.000
servant à payer :
Entreprise Cassada.
1° Travaux neufs en dehors des adjudication spé-
     ciales........................   2.500ᶠ
2° Dépenses en régie..................   2.100
3° Frais généraux et de déplacement........   400
                                   Total............   5.000ᶠ
En fait de travaux neufs :
Subvention départementale.................   00.000ᶠ
Contingent communal 00.000

N° 32. *Batna à Biskra*

Longueur 140ᵏ. 000 dont 20ᵏ. 494 à l'entretien et 119ᵏ. 506 en lacune.

18 kilom. de route ont nécessité une dépense de 32.839 fr. (communes des Aurès) et l'entretien 5.059 fr. (commune d'Aïn-Touta, des Aurès et de Biskra) servant à purger le décompte suivant.

Entreprise Cassada :
1° Travaux en dehors des adjudications spéciales   2 000ᶠ
2° Dépenses en régie...................   2.500
3° Frais généraux et de déplacement.........   559
                                   Total............   5.059ᶠ

Quant aux travaux neufs ils proviennent de la construction d'une piste carrossable entre un point situé à 12ᵏ. 800 au delà de l'Oued Bou Iriel et un point situé à 1.933 mètres au de l'Oued Djermann.

1° Entreprise Gallo........................		30.000ᶠ
2° Dépenses en régie.....................		2.539
3° Frais généraux et de déplacement........		300
	Total..............	32.839ᶠ

Les dépenses autorisées sont :

A l'entreprise.......................		43.453ᶠ 36
Somme à valoir.....................		6.567 06
	Total...............	50.020ᶠ 42

Report par exercice :

1893. Budget primitif...................		32.839ᶠ »
—		15.008 75
	Total................	47.847ᶠ 75
1894. Total égal aux dépenses autorisés....		2.172 67
	Total..............	50.020ᶠ 42

Mais là, Messieurs, vous serez surpris, je l'ai été moi-même et le suis encore, jusqu'à l'explication.

Biskra et Batna, que je sache, n'ont pas changé de place, mais si on consulte le compte-rendu des dépenses faites, page 261, on lit :

Chemin 32, de Batna à Biskra

Longueur à l'entretien....................		20ᵏ.944
— en construction		»
— en lacune....................		119 506
	Total..............	140ᵏ.450

Or page 107 nous avons 140 kilom. et page 261 : 140ᵏ.450.

C'est peut-être la subdivision départementale pour les travaux neufs qui a fait grandir le chemin qui pour être juste n'est pas encore totalement kilométré.

N° 35. *De Sétif à Seggana par N'gaous*

Longueur 97 kilom. (dont 47^k. 278 à l'entretien, 3^k. 565 en construction et 46^k. 157 en lacune).

Entretien : Subvention départementale   00.000^f
   —   Contingent.............   9.000(N'gaous)
Trav. neufs : Subvent. départementale   00.000.
   —   Contingent..........   29.585(N'gaous)

Il y a 30 kilom. d'entretien pour Sétif et 17^k. 278 pour Batna.

Il y a 9.000 fr. qui incombent à la commune de N'gaous pour l'entretien dont voici le décompte.

Entreprise Cassada.

1° Travaux en dehors des adjudications spéciales   4.000^f
2° Dépenses en régie......................   2.200
3° Salaires des cantonniers,...............   2.400
4° Frais généraux et de déplacement........   500
                        Soit..............   9.000^f

et 29.985 fr. pour travaux neufs dans la région de N'gaous, dont l'adjudicataire a été M. Simon Benjamin avec rabais de 32 °/₀ d'une part s'élevant à 23.175 fr. 09 et à M. Cassada pour 5.422 fr. 28 de l'autre, suivant le tableau.

Construction entre deux points situés le 1er à 460 le 2e à 2.830 mètres au delà de l'Oued Madjar, 23.175 fr.09 (Entreprise B. Simon).

Entreprise Cassada.

1° Travaux en dehors des adjudications spéciales.
2° Cylindrage...........................   1.000^f »
3° Dépenses en régie....................   2.222 28
4° Acquisition de terrains.................   1.000 »
5° Frais généraux et de déplacement........   300 »
                   Total.............   5.422^f 28
                          28.597^f 37

Les travaux autorisés étaient :

Dépenses prévues au détail estimatif du projet présenté le 24 mars 1893.

Entreprise.............................. 37.577ᶠ 72
Somme à valoir........................ 5.422 28
          Total.......... 43.000ᶠ 00

Et d'autre part d'une adjudication concédée à M. Simon Benjamin avec rabais de 18 °/₀ pour la construstion entre le bordj de N'gaous et le 1ᵉʳ tronçon de l'entreprise Meyère (côté de Seggana) s'élevant à.. ...., 1.387ᶠ 63
Total pour les travaux neufs................ 29.985ᶠ »

Nᵒ 40. *De Ras-el-Aïoun à Sériana*

Longueur 54 kilom. dont 13ᵏ. 273 à l'entretien et 40ᵏ. 727 en lacune.

L'entretien incombe à la commune d'Aïn-El-Ksar pour 4.000 fr. soldant le détail suivant :

Entreprise Cassada :

Travaux en dehors des adjudications spéciales. ⎫
Dépenses en régie...................... ⎬ 4.000 fr.
Frais généraux et de déplacement......... ⎭

Entretien : Subvention départementale . 00.000ᶠ
—   Contingent.............. 4.000 (Ksar)
Trav. neufs : Subvention départementale 00.000
—   Contingent........... 13.994 (Ksar)
          Total.......... 17.994ᶠ

Comme travaux neufs, nous avons dans la commune d'Aïn-El-Ksar, trois tronçons qui ont été faits entre l'Oued El-Ma et l'origine de l'entreprise Tixier, ayant coûté 13.994 fr., à savoir :

1° Entreprise...................... 12.000ᶠ
Dépenses en régie...................... 1.800
Frais généraux et de déplacement.......... 104
          Total.............. 13.994ᶠ

Le détail estimatif du projet présenté le 21 septembre 1891 comportait :

Travaux à l'entreprise..................... 54.251ᶠ 97
Somme à valoir..................... 10.748 03
Total............. 65.000ᶠ 00

En résumé :

L'arrondissement de Batna, aux chapitres III et IV du budget a la situation dont vous pourrez consulter le détail dans le tableau ci-joint.

Routes départementales................. néant
Chemin de grande communication........ 927ᵏ 741 (dont 317ᵏ 254 à l'entretien, 38ᵏ 339 en construction, 571ᵏ 397 en lucune).

82ᵏ 905 d'entretien sont profitables à l'arrondissement de Batna.

38ᵏ 339 sont en construction dans ce même arrondissement et pour ce, soit à titre d'entretien, soit à titre de travaux neufs, le Conseil général n'alloue aucune subvention.

Les travaux d'entretien s'élevant à 69.659 fr. sont fournis par les contingents communaux, de même que les travaux neufs s'élevant à 97.870 fr. ; Total 167.528 fr.

Quant aux chemins d'intérêt commun, l'arrondissement de Batna n'y figure pas pour un *iota*.

Aux pages 10 et 11 du présent rapport, je vous ai prouvé l'inégalité dans l'apport des communes, je viens de vous prouver l'inégalité dans la répartition.

La part de l'arrondissement de Batna, sur un chapitre qui comporte 2.741.645 fr. 35 est de 167.528 fr. sans un centime de subvention de la part du Conseil général, alors que l'arrondissement apporte pour ces chapitres 196.678 fr.

Aux chapitres II, III et IV, constituant une dépense en 1893 de 3.852.640 fr.

L'arrondissement de Batna touche, y compris le solde de

Biskra 181.348 fr. 96 d'où il reste à distribuer aux autres arrondissements 3.071.201 fr. 04.

Si à Sétif la situation est la même, et certes je ne suis pas éloigné de le croire en présence du travail que j'ai dû faire pour Batna, nous aurions à peu près la différence suivante:

Les Hauts-Plateaux touchent en chiffres ronds 375.000 fr. le littoral 3.480.000 fr.

Après ces chiffres que je garantis être scrupuleusement établis, je vous ferai savoir qu'une somme de 1.125 fr. était accordée en 1893 à M· l'Ingénieur de Batna pour travaux d'études ; mais que, 1° par suites d'études urgentes à faire en grande partie pour les chemins de fer départementaux et les études des chemins de grande communication, il a été déduit du crédit primitif à ce alloué c'est-à-dire 8,000 fr. d'abord 5.661 fr. 11 ; 2° pour les études du chemin de fer départemental de Constantine à Milah 1.600 fr. Il ne reste plus que 738 fr. 89 ; le crédit batnéen de 1.125 fr. a été de ce fait, réduit à 300 fr. à peine de quoi acheter l'encre nécessaire pour coucher sur le papier des études qui, une fois exécutées, seraient pourtant si utiles à notre arrondissement.

Mais, terminons-en, Messieurs, avec ces trois chapitres essentiels du budget départemental ; les autres chapitres ne nous intéressent que médiocrement, car la loi du 5 avril 1884 impose aux communes, pour bon nombre du moins, une cote part dans dans les dépenses, soit au prorata des dépenses extérieures, soit en fin, pour l'instruction publique, au prorata de la part devenant sur l'octroi de mer.

Nous pourrions peut-être, pour ne pas dire sûrement, trouver dans les détails des sommes qui leur sont affectées, une répartition qui ne soit pas très juste mais que nous devons subir.

Je préfère, Messieurs, vous déclarer que je ne suis pas le premier à envisager cette répartition inégale à l'endroit des propriétés immobilières et surtout à l'endroit des voies de communications départementales.

Permettez-moi de vous lire une partie de la lettre que M. l'Ingénieur en chef du Département, devant la compétence duquel nous nous inclinerons en pareille matière, adressait à la date du 10 mars 1803, au Conseil général, en réponse à M. le Préfet du Département.

Monsieur le Préfet, pour constituer les ressources nécessaires à la construction des chemins de fer départementaux ou littoraux, voir même électoraux si vous aimez mieux, proposait d'imputer aux communes des obligations nouvelles, tout en diminuant les dépenses à faire dans la voierie départementale. Au lieu de percevoir 7 centimes additionnels, il en serait perçu 18 au profit de la caisse.

C'est à ce sujet que M. l'Ingénieur en chef termine sa lettre en ces termes.

Qu'adviendrait-il si les prestations se faisaient en nature au lieu de se solder en espèces ?...

« On obligera, m'a-t-on dit, les prestataires à fournir leurs « outils. C'est la loi, mais elle sera inapplicable et jamais les « Arabes n'arriveront avec une pelle, une brouette et une « pioche. Si on les poursuit, on n sera quitte pour des frais, « car où il n'y a rien, le roi pe u ses droits. On n'osera pas « même d'ailleurs tenter des poursuites de ce genre et on « aura des moins values à prévoir en plus. Contre la presta- « tion en nature, il n'y a qu'une défense, c'est la conversion « en tâches ; mais ce remède, le Conseil municipal seul en « dispose souverainement.

« Sans doute, il pourrait arriver quelque chose de sem- « blable, même en ne changeant rien à la situation actuelle, « mais seulement dans une limite étroite. Si on ne déclasse « pas, les contingents ne se réduisent pas eux-mêmes ; si on « continue à subventionner largement la voierie vicinale, « les communes se soumettront volontiers, comme elles l'ont

« fait jusqu'ici, et on aura en outre contre elles, le cas échéant,
« un moyen de répression, dans la répartition des subven-
« tions; si au contraire on réduit le réseau, les communes
« chercheront à rendre leurs contingents impossibles à em-
« ployer par le Département, dans l'espoir que de guerre
« lasse, on les leur abandonne pour les affecter à leur voirie
« ordinaire.

« En agissant ainsi, auraient-elles bien tort ? Je ne le
« crois pas et M le Préfet démontre éloquemment le contraire
« aux pages 17, 18 et 19 de son rapport. (M. l'Ingénieur
« constate… approuve-t-il ?)

« En France, les communes ont fait surtout des chemins
« vicinaux ordinaires; et une partie de ces chemins a été
« classée ensuite pour mieux justifier les subventions dépar-
« tementales. Il y a en outre l'œuvre d'une série de généra-
« tions qui s'est accumulée pendant la série des siècles. En
« Algérie, il fallait forcer la main aux événements, et mar-
« cher très vite, sous peine de n'arriver jamais.

« Des mesures spéciales s'imposaient donc absolument, et
« le département de Constantine l'a parfaitement compris. Il
« a imposé de toutes pièces un réseau aux communes, pre-
« nant ainsi par là même des engagements qui ne sont pas
« niés, et auxquels il ne peut plus équitablement se sous-
« traire.

« C'est en vain qu'on dira aux communes, nous vous
« avons demandé autrefois de sacrifier votre vicinalité ordi-
« naire à la grande vicinalité ; aujourd'hui nous vous de-
« mandons de sacrifier la grande vicinalité aux chemins de
« fer, qui sont des chemins perfectionnés.

« Elles répondront naturellement : la grande vicinalité de-
« vait couvrir le département entier, nous y étions toutes
« plus ou moins intéressées, tandis que les chemins de fer,
« doivent servir qu'à quelques-unes.

« Terminez donc la grande voirie, ou du moins ne nous

« enlevez pas la possibilité de l'avoir un jour, et c'est ce que
« vous faites en réduisant la construction à une somme de
« 385.000 fr. indéfiniment décroissante, sur laquelle vous
« voulez encore prélever les chemins qui relieront les centres
« aux gares des lignes projetées. A certaines régions des routes
« déjà faites, des chemins de fer, même des chemins vici-
« naux ordinaires sous le nom de chemins d'accès; aux
« autres régions, ni routes, ni chemins de fer, pas même
« l'espoir d'en avoir jamais, car où donc prendriez vous l'ar-
« gent nécessaire, puisqu'aujourd'hui déjà vous épuisez
« jusqu'à vos dernières ressources pour commencer le réseau
« serré. »

N'est-ce pas là, Messieurs, un résumé bien clair de l'ini-
quité commise à l'encontre des communes?

Vous avez pensé bien faire, Messieurs les Conseillers généraux du littoral, en faisant allouer à vos régions de fortes
sommes. J'aurais compris que vous, qui recevez des étran-
gers, vous ayez prélevé au gâteau départemental une part
un peu plus grosse que les Hauts Plateaux, mais en prenant
presque tout, vous avez, involontairement peut-être, mais
sûrement provoqué chez vos voisins une gêne dans les affai-
res qui n'égale pas encore la misère du littoral, mais qui s'en
rapproche.

En faisant le contraire, en multipliant dans nos pays essentiellement producteurs, des voies de communication, en dé-
veloppant les centres de colonisation, vous eussiez ouvert des
débouchés certains. Pourquoi les céréales sont-elles à un prix
si élevé?

A cause des moyens de transport.

Pourquoi avons-nous, à Batna, des bois de construction
de nos forêts plus chers que ceux de Trieste?

Toujours à cause des moyens de transport.

Prenez avis auprès de vos plus grosses maisons de com-
merce et vous apprécierez si la route de Bône-Marseille, par

exemple, n'aurait pas été plus avantageuse pour le Département de Constantine que Marseille à Bône.

Dans les premier cas, le trafic rapporte autant que dans le dans le second et l'argent de la chose vendue, au lieu d'aller à l'étranger, reste au pays. Assurément, lorsque des constructions nouvelles se payent dans vos régions, vous jouissez d'une opulence momentanée, mais après... Que je suis bon !... vous recommencez l'année suivante Mais cela ne fait pas notre affaire et du moment que comme vous nous versons à la Caisse, comme vous nous voulons avoir une part.

Si les contribuables du littoral veulent du superflu, qu'ils le payent de leurs deniers sans prélever sur les nôtres.

Pourrait-on jamais s'imaginer que la loi appliquée pour les recettes à percevoir fût appliquée aussi pour les dépenses à faire, nous aurions ceci :

Le budget de 1893, se chiffrant par.....	5.359.079ᶠ	»
A déduire.........................	258.643	65
Reste............	5.100.435ᶠ	35

Or, la population de l'arrondissement de Batna donnait en 1891 :

Communes de plein exercice...	12.538	habitants.
Communes mixtes..........	128.688	—
Total.........	141.226	contribuables.

La population de l'arrondissement de Bône donne :

Communes plein exercice	54.853	habitants.
Communes mixtes..........	46.181	—
Total.........	101.034	contribuables.

La population totale du département de Constantine étant de :

Communes plein exercice ...	349.749	habitants.
Communes mixtes	1.122.846	—
Total.........	1.471.846	contribuables.

La part revenant à chaque tête est de 3 fr. 405.

Partant de là, l'arrondissement de Batna devrait avoir 141.226 fois 3 fr. 405, ce qui ferait 480 348 fr. 09.

L'arrondissement de Bône 101 034 fois 3 fr. 405, ce qui ferait 350.082 fr. 81.

Nous en sommes loin ! ! !

Et que diriez-vous, si le gouvernement de la République française, gouvernement dans la devise duquel figure le mot EGALITÉ, divisait le département de Constantine en sept arrondissements vrais, obligés de vivre de leurs propres ressources ? Que d'économies, que de travaux profitables. Cela serait le seul moyen d'arriver à ce que l'Algérie ne coûte plus un sou à la France. Nous serions à Elle sans être à sa charge. On reproche en effet à l'Algérie de coûter gros à la France, et on va chercher midi à quatorze heures, déverser des flots d'encre pour remédier à la situation lorsqu'elle est si simple.

Les exagérations que vous venez de constater pour le département n'existeraient-elles pas aussi pour les départements d'Alger et d'Oran ?

A l'avance, je vous répondrai : oui.

Les exagérations qui existent pour le budget des Conseils généraux n'existeraient-elles pas aussi pour le budget du gouvernement de l'Algérie ? Je vous répondrai encore oui.

Que le gouvernement de la République veuille bien réformer en entier l'organisation actuelle de l'Algérie en commençant par supprimer ce rouage des Conseils généraux, puisque la répartition, tant pour les recettes provenant en partie d'une aumône de la part de la France, que pour les dépenses mal réparties, constitue pour certains pays une condition absolument dérisoire. Et nous verrions alors l'Algérie ne plus rien coûter d'abord, et prospérer enfin par suite de dépenses mieux appliquées et plus justement réparties.

La suppression des Conseils généraux actuels, création réelle des arrondissements, répondrait à ceci :

« Economie et Justice. »

Avant, Messieurs, de jeter au loin la note vibrante, je l'espère, de nos justes récriminations, je me suis entouré de renseignements nets, précis, irréfutables, qui m'amènent à vous demander

Au nom de l'Algérie ;

Au nom des Hauts Plateaux du département de Constantine ;

Au nom enfin et surtout de l'arrondissement de Batna, les conclusions suivantes :

Conclusions

LE CONSEIL MUNICIPAL DE BATNA,

Considérant l'inégale répartition faite à l'arrondissement de Batna, sur le budget du département de Constantine ;

Attendu que l'apport fait par les communes de cet arrondissement dépasse les dépenses qui lui sont accordées par le Conseil général de ce département ;

Attendu que les contribuables de cet arrondissement ont autant droit à une répartition équitable que ceux des arrondissements du littoral,

Emet le vœu que le présent rapport soit adressé :

1° Au Conseil général comme protestation ;

2° A l'Autorité supérieure du département et de l'Algérie comme de déférence ;

3° En vertu de nos responsabilités, de nos devoirs et de nos droits civiques, qu'il soit soumis officiellement, avec prière de répondre de même :

1° A la Commission sénatoriale ;

2° A M. Pourquery de Boisserin, rapporteur de la Commission budgétaire du Gouvernement français.

Batna, le 3 juin 1894.

Cu. MALACHOWSKI.

CHAPITRE III & IV

En ce qui concerne l'arrondissement de Batna

Routes départementales... Néant

CHEMINS VICINAUX

	N°°	LONGUEUR des chemins	ENTRETIEN	CONTINGENT	LAGUNE	ENTRETIEN ET TRAVAUX neufs		ENTRETIEN Subvention départementale	DÉPENSES Contingent	TRAVAUX NEUFS Subvention département	TRAVAUX NEUFS Contingent
	5	165k 909	59k 384	»	106k 525	»	»	»	6000r	»	»
	11	124 »	69 030	0h 901	54 069	12k 166	»	»	5000	»	21k 061
	20	194 382	88 011	33 400	72 971	»	»	»	29600	»	»
	26 (P. 101)	106 »	16 434	»	43 566	16 434	»	»	6000	»	»
CHEMINS DE GRANDE COMMUNICATION	31	46 »	2 900	»	43 100	2 900	»	»	5000	»	»
	32 (P. 261)	140 450	20 944	»	119 506	20 944	32 839	»	5059	»	32 839
	35	97 »	47 278	4 288	45 434	17 278	»	»	9000	»	29 985
	40	54 »	13 273	»	40 727	13 273	5 500	»	4000	»	13 994
	Totaux	927k 741	317k 254	38k 589	525k 098	82k 995	38k 339	»	69659r	»	97k 879

167.538

CHEMINS D'INTÉRÊTS COMMUNS { Arrondissement de Batna... Néant